MUSTREAD **BOEKANALYSE**

AF126376

Haar naam was Sarah

• • • • • • • • • • • • • • • •

Tatiana de Rosnay

BOEKANALYSE

Geschreven door Cécile Perrel
Vertaald door Nikki Claes

Haar naam was Sarah

Tatiana de Rosnay

TATIANA DE ROSNAY   5

Frans journalist en romanschrijver   5

HAAR NAAM WAS SARAH   6

Eén boek, twee verhalen   6

SAMENVATTING   7

Het artikel   7

De bewoners van de rue de Saintonge   9

Op zoek naar Sarah   10

KARAKTERSTUDIE   13

Sarah   13

Julia Jarmond   13

De Tézacs   15

ANALYSE   16

Een historische roman?   16

Een roman over schuld   17

Een coming-of-age roman   19

Dubbele vertelling   21

VERDERE REFLECTIE   23

Enkele vragen om over na te denken…   23

VERDER LEZEN   24

Referentie-uitgave   24

TATIANA DE ROSNAY

FRANS JOURNALIST EN ROMANSCHRIJVER

- **Geboren in Neuilly-sur-Seine in 1961**
- **Opmerkelijke werken:**
  - *La Mémoire des murs* (2003), roman
  - *Sarah's Key* (2007), roman
  - *À l'encre russe* (2013), roman

Tatiana de Rosnay werd in 1961 in Neuilly-sur-Seine geboren uit een Britse moeder en een Franse vader. Na een literatuur-studie in Engeland begon ze te werken voor tijdschriften (*Elle, Psychologies,* enz.), terwijl ze ook schreef. Na enkele jaren stond ze in de top tien van meest gelezen auteurs in Frankrijk. Tot op heden heeft ze elf romans gepubliceerd, waaronder *L'Appartement témoin* (1992), *Moka* (2006), *Sarah's Key* (2007), *The House I Loved* (2009) en *A Secret Kept* (2011).

HAAR NAAM WAS SARAH

EÉN BOEK, TWEE VERHALEN

- **Genre:** roman

- **Referentieuitgave:** de Rosnay, T. (2008) *Sarah's Key*. Londen: John Murray (Uitgeverij).

- **Eerste uitgave:** 2007

- **Thema's:** antisemitisme, schuld, journalistiek, onderzoek, verdwijning, Tweede Wereldoorlog

Sarah's Key werd gepubliceerd in 2007 en vertelt twee verhalen. Het ene gaat over Sarah, een jong Joods meisje dat slachtoffer is van de razzia van Vel' d'Hiv in de zomer van 1942; het andere vertelt het verhaal van Julia, een Amerikaanse journaliste die een artikel moet schrijven voor de 60th verjaardag van deze razzia. Julia raakt geobsedeerd door wat ze ontdekt over deze periode van de Franse geschiedenis en beseft dat haar eigen familie er nauw bij betrokken was. Ze probeert daarom Sarah te vinden om te weten wat er van dit kleine meisje geworden is.

Sarah's Key werd in 38 landen vertaald en er werden drie miljoen exemplaren van verkocht. In 2010 werd het boek verfilmd met Kristin Scott Thomas in de hoofdrol.

SAMENVATTING

Wij hebben ervoor gekozen de samenvatting te structureren aan de hand van het onderzoek dat de journaliste Julia Jarmond, de heldin van de roman, verricht om haar artikel te schrijven. Op die manier lopen heden en verleden in elkaar over in het tempo van het onderzoek van de jonge vrouw.

HET ARTIKEL

Julia Jarmond is een Amerikaanse journaliste van 40 jaar die al jaren in Frankrijk woont met haar man, Bertrand Tézac. Zij hebben een dochter van 11 jaar, Zoë. Het echtpaar heeft in het verleden met moeilijkheden te kampen gehad, omdat ze geen kinderen meer konden krijgen, wat hen diep heeft geraakt. Rond die tijd bedroog Bertrand Julia met een oude schoolvriendin, Amélie, maar vandaag lijkt alles weer normaal te zijn.

Het echtpaar betrekt een nieuw appartement in de rue de Saintonge dat toebehoort aan Mamé, de grootmoeder van Bertrand. Zij is de enige die Julia in de familie heeft opgenomen en veel genegenheid voor haar toont. De relatie met de rest van Julia's schoonfamilie, die zeer autoritair is, verloopt moeizaam.

Kort na de verhuizing ontdekt Julia dat ze zwanger is, wat haar met vreugde vervult. Helaas is de reactie van haar man niet wat ze had gehoopt: Bertrand is terughoudend, ziet zichzelf niet als nieuwe vader op zijn leeftijd en hij wil niet dat Julia doorgaat met de zwangerschap. Daarom is zij van plan een abortus te laten plegen, maar zij kan het niet opbrengen dit door te zetten en besluit de baby te houden, met het risico haar man verliezen.

Het tijdschrift waarvoor Julia werkt vraagt haar een artikel te schrijven over de Vélodrome d'Hiver razzia, beter bekend als de "Vel' d'Hiv'", die 60 jaar eerder plaatsvond. De journaliste, geïnteresseerd in deze periode van de geschiedenis, begint haar onderzoek. Ze leest in artikelen dat de nazi's in 1942 de Europese Joden, en met name die in Frankrijk, gedurende enkele maanden hebben vervolgd. Ze werden gedwongen een gele ster te dragen, mochten de meeste openbare plaatsen niet meer betreden en zelfs voor hun leven te vrezen.

Enkele dagen later verneemt zij bij toeval, tijdens een gesprek met Mamé, dat de Tézac in de zomer van 1942 naar het appartement in de rue de Saintonge is gekomen omdat er na de razzia plaatsen waren vrijgekomen. Julia besluit daarom onderzoek te doen naar de identiteit van de familie die daar in die periode woonde.

Ze ontdekt dat de vorige bewoners van het appartement in de rue de Saintonge een joodse familie waren, de Starzynskis, die op 16 juli 1942 door de Franse politie werden gearresteerd. Bovendien vertelt Édouard, haar schoonvader, haar over een gebeurtenis die hem diep heeft geraakt en die plaatsvond toen hij nog maar een kind was. Hij was net met zijn gezin in het appartement getrokken toen op een dag een jong meisje, Sarah, binnenkwam en zich naar een verborgen kast in een van de slaapkamers haastte. De aanblik die haar wachtte maakte haar ziek: het dode lichaam van een jongetje. Julia biedt daarom aan wat onderzoek te doen om uit te vinden wat er van Sarah geworden is.

DE BEWONERS VAN DE RUE DE SAINTONGE

In 1942 klopte de Franse politie op de deur van het appartement van de Starzynksis, Joden van Poolse afkomst. De 10-jarige dochter van het gezin, Sarah, was bang en besloot haar broertje te verstoppen in een kast die ze vaak als schuilplaats gebruikte. Ze sloot hem op met de sleutel en beloofde hem dat ze snel terug zou komen om hem te halen. De rest van de familie werd gearresteerd en door de politie naar het Vélodrome d'Hiver gebracht, waar duizenden Joden enkele dagen moesten verblijven, onder afschuwelijke omstandigheden zonder voedsel of water. Daar vertelde Sarah haar vader dat ze Michel had verborgen. In paniek vroeg Starzynski de politie toestemming om het kind te gaan halen, maar die weigerde. Sarah voelde zich vreselijk schuldig en vreesde dat ze haar broer in de kast ter dood had veroordeeld.

 ## GOED OM TE WETEN: DE VÉLODROME D'HIVER SAMENVATTING

De Vélodrome d'Hiver razzia vond plaats op 16 en 17 juli 1942 in samenwerking met de Franse politie. Meer dan 13.000 Joden werden gearresteerd en in het velodrome geplaatst om te wachten tot ze naar de concentratie- of vernietigingskampen werden gestuurd, afhankelijk van hun arbeidsvermogen. De razzia had alleen betrekking op buitenlandse Joden, maar hun kinderen, zelfs als ze in Frankrijk geboren waren, werden meegenomen.

Een paar dagen later werden ze allemaal per trein naar de kampen ten zuiden van Parijs gestuurd. Kort daarna werden de gezinnen gescheiden, waarbij de ouders slechts een korte stop maakten alvorens naar Auschwitz te vertrekken. Sarah was alleen in de kinderbarak, en wilde dolgraag terug naar Parijs om haar broer te redden. Ze maakte al snel kennis met een ander jong meisje, Rachel, die haar overtuigde om te ontsnappen.

Samen slaagden ze erin te vluchten en zwierven ver het omringende platteland in, ondergedoken in de bossen. Uiteindelijk bereikten ze het huis van Jules en Geneviève Dufaure, die hen verwelkomden. Maar Rachel was ziek en de dokter die naar haar bed werd geroepen waarschuwde de Duitse autoriteiten voor haar aanwezigheid. Verborgen in de kelder was Sarah getuige van de arrestatie van haar vriendin. Gelukkig werden de Dufaures niet berispt. Het jonge meisje legde vervolgens uit dat ze naar Parijs wilde terugkeren om haar broer te bevrijden. Het echtpaar besloot haar te vergezellen. Toen ze bij het appartement aankwam, was Sarah echter verbaasd daar een onbekende familie aan te treffen. Toch haastte ze zich naar de slaapkamer, opende de kast en ontdekte het levenloze lichaam van Michel.

OP ZOEK NAAR SARAH

Édouard geeft Julia een reeks brieven van september 1942 tot april 1952: ze zijn geschreven door Jules Dufaure en gericht aan André Tézac, de vader van Édouard. Ze gaan uitsluitend over Sarah, haar opvoeding en haar gezondheid. Julia ontdekt dat André Tézac tien jaar lang elke maand geld naar de Dufaures heeft gestuurd om in Sarah's behoeften te voorzien. Hij had zichzelf nooit vergeven voor de scène toen het lichaam van Michel werd ontdekt, en vond het zijn plicht het kleine meisje te helpen.

Bovendien slaagt Julia erin Nathalie Dufaure op te sporen, die de kleindochter blijkt te zijn van de kleinzoon van Jules en Geneviève die Sarah als kind in de jaren vijftig heeft gekend. De jonge vrouw organiseert een ontmoeting met haar grootvader die Julia vertelt dat Sarah in 1952 Frankrijk verliet voor de Verenigde Staten en dat sinds 1955 niemand meer iets van haar heeft gehoord. Ze weten alleen dat ze getrouwd is met een Amerikaan.

Tijdens de zomervakantie moet Zoë naar het huis van haar grootouders in de Verenigde Staten. Julia besluit haar te vergezellen om daar haar onderzoek voort te zetten. Ze hoopt meer te weten te komen over Sarah. Daartoe gaat ze naar haar laatst bekende adres. Maar daar is ze geschokt: ze verneemt dat Sarah in 1972 is omgekomen bij een auto-ongeluk. Ze had een zoon, William, die in Toscane woont. Vastbesloten haar onderzoek voort te zetten, vliegt Julia met Zoë naar Italië. Daar ontmoet ze William, die niets van zijn moeders verhaal weet. Hij wordt boos en hun ontmoeting wordt afgebroken.

Julia keert dan terug naar Frankrijk. De maanden gaan voorbij en haar zwangerschap bereikt het hoogtepunt. Op een dag, nadat ze sinds de zomer niets meer van hem heeft gehoord, duikt William plotseling bij haar huis op. Hij heeft zijn eigen onderzoek gedaan en ontdekt dat Julia hem de waarheid heeft verteld. Hij vertelt haar dat zijn moeder zelfmoord heeft gepleegd omdat ze werd achtervolgd door wat ze had meegemaakt en door de dood van haar broer, waarvoor ze zich verantwoordelijk voelde.

Even later vernemen we dat Julia met Zoë naar New York is verhuisd. Ze heeft Bertrand verlaten, die bekende dat hij van Amélie hield en met haar wilde samenwonen. Omdat ze niet kan stoppen aan William te denken, doet ze wat onderzoek en ontdekt dat hij in dezelfde stad woont. Op een dag gaat haar telefoon: hij is het. Hij stelt voor dat ze elkaar ontmoeten. Ze accepteert en ze ontmoeten elkaar later in een café, waar Julia hem haar baby voorstelt; een klein meisje genaamd Sarah.

KARAKTERSTUDIE

SARAH

Sarah is een tienjarig meisje in juli 1942. Als Frans meisje, geboren uit Joodse ouders van Poolse afkomst, lijdt zij samen met haar familie onder de vervolgingen die Joden in die tijd te verduren krijgen.

Ze is loyaal, intelligent en wilskrachtig en denkt haar broertje te redden door hem in een kast te verstoppen wanneer de familie wordt gearresteerd. Helaas kan ze hem niet op tijd bereiken en sterft hij. Haar hele leven wordt Sarah beïnvloed door deze tragedie, waarvoor ze zich verantwoordelijk voelt, en door de verschrikkingen die ze in de zomer van 1942 heeft meegemaakt. Ze wordt opgenomen door een Franse familie en probeert opnieuw te beginnen, maar de herinneringen in Frankrijk zijn te sterk. Daarom verhuist ze naar de Verenigde Staten, waar ze haar verleden en haar ware verbergt voor haar man en zoon. Het schuldgevoel is echter te sterk en ze pleegt zelfmoord achter het stuur van haar auto in 1972.

JULIA JARMOND

Julia Jarmond is een Amerikaanse van in de veertig. Ze is getrouwd met een Fransman, Bertrand Tézac, en woont al vele jaren in Frankrijk. Ze heeft een dochter, Zoë, die 11 jaar oud is. Haar huwelijk heeft moeilijkheden gekend: Julia en haar man konden geen tweede kind krijgen en Bertrand bedroog haar met een oude studievriend, wat diepe sporen naliet in hun relatie.

Als tijdschriftjournaliste moet ze een artikel schrijven over de herdenking van de razzia van Vel' d'Hiv. Deze periode uit de Franse geschiedenis, waar ze niets van wist, zal haar diep raken, vooral wanneer ze ontdekt dat de familie van haar man erbij betrokken was.

Intelligent maar koppig probeert ze te achterhalen wat er van Sarah geworden is, ondanks de waarschuwingen van haar schoonvader die haar onderzoek op te geven. In de loop van de roman toont Julia zich steeds wilskrachtiger en onafhankelijker ten opzichte van haar schoonfamilie en het oordeel dat zij over haar heeft. Voordat ze zich in het onderzoek stortte, maakte ze zich grote zorgen over de mening van de Tézacs, maar de ontdekking van Sarah's verhaal verandert dit volledig; ze wordt zich bewust van wat echt belangrijk voor haar is, om twee redenen:

- Haar dochter Zoë is even oud als Sarah was toen ze werd gearresteerd. Julia kan niet stoppen het kleine meisje te relateren aan haar eigen kind en gaat op zoek naar de waarheid als eerbetoon aan Sarah.

- Haar besef van de kwetsbaarheid van het leven: de Starzynski's waren een gewoon gezin, net als Julia's gezin. Plotseling raakten zij verwikkeld in zaken waar zij geen vat op hadden en werden zij het slachtoffer van de wreedheid van de mens. Julia begrijpt daarom dat het leven erg kwetsbaar is en beseft dat de stabiliteit die zij kent elk moment kan instorten. Daarom herijkt ze haar prioriteiten en besluit ze zich te wijden aan wat zij het belangrijkst vindt.

DE TÉZACS

De Tézacs zijn een middenklasse, principiële familie.

Die bestaat in de eerste plaats uit Mamé, de grootmoeder, die als enige Julia met open armen ontvangt. Zij is inmiddels hoogbejaard en woont in een bejaardentehuis waar Julia haar meerdere keren per week bezoekt. Het is puur toeval dat ze tijdens een gesprek te weten komt hoe de familie Tézac het appartement in de rue de Saintonge heeft verworven, wat het begin is van Julia's onderzoek. Maar Mamé wordt seniel en dus kan Julia haar niet vertellen wat ze ontdekt heeft over de Starzynskis.

Édouard is de zoon van Mamé en de vader van Bertrand. Hij is een autoritaire man die geen discussie accepteert. Aanvankelijk is hij tegen Julia's onderzoek, maar uiteindelijk onthult hij dat hij Sarah's verhaal kent. Hij had liever gezwegen omdat dit verhaal, hoewel vele tientallen jaren oud, hem bleef achtervolgen, omdat hij zo geschokt was door Sarah's bezoek en de ontdekking van Michel's lichaam. Na deze onthullingen neemt Édouard het voor Julia op tegen de rest van de familie, die haar verwijt het verleden op te rakelen.

Bertrand is Julia's echtgenoot. Hij is een charmante en intelligente man. Maar de trekjes die Julia in het begin van hun huwelijk leuk vond, gaan hem steeds meer tegenstaan en Julia heeft er moeite mee. Hij bedriegt haar en vraagt haar om een abortus als hij hoort dat ze zwanger is, wat hun scheiding veroorzaakt.

De rest van het gezin bestaat uit Colette, de moeder van Bertrand, en haar dochters, Laure en Cécile.

ANALYSE

EEN HISTORISCHE ROMAN?

Sarah's Key is een roman, een literair genre dat wordt gekenmerkt door een relatief lang verhaal (dat zich onderscheidt van een novelle, slechts enkele tientallen bladzijden telt) waarin gebeurtenissen worden verteld die als echt worden voorgesteld. Sinds de 18e eeuw zijn romans het belangrijkste genre. Daarbinnen zijn er verschillende categorieën: avonturenromans, briefromans, psychologische romans, enz.

In sommige opzichten behoort *Sarah's Key* tot de categorie van de historische roman, die een historische gebeurtenis als achtergrond gebruikt waaraan fictieve elementen, gebeurtenissen en personages worden toegevoegd. Het wordt daarom gedefinieerd als een zorgvuldige mix van echte en fictieve gebeurtenissen. Het begon aan het begin van de 19th eeuw met de geschriften van Walter Scott (1771-1832). Enkele voorbeelden van beroemde historische romans zijn *Les Chouans* van Balzac (1829), *La Reine Margot* van Alexandre Dumas (1845) en *Ninety-Three* van Victor Hugo (1874).

Wat maakt *Haar naam was Sarah* tot een historische roman?

- Ten eerste gebruikt de auteur echte gebeurtenissen als achtergrond: de razzia van Vel' d'Hiv in juli 1942. De roman begint op 16 juli, toen duizenden Joden door de Franse politie werden gearresteerd. Alle feiten zijn bewezen en ook al zijn de personages fictief, wat typisch is voor een historische roman, de gebeurtenissen die zij meemaken maken hen geloofwaardige personages die echt hadden kunnen bestaan.

- De plaatsen waar Tatiana de Rosnay haar denkbeeldige personages ontwikkelt, spelen ook een rol in de historische juistheid van het verhaal: in de rue Nélaton in het 15th arrondissement van Parijs was het Vélodrome d'Hiver echt gevestigd, en ook het kamp Beaune-la-Rolande, in Loiret, heeft bestaan. Het was, zoals de roman uitlegt, een doorgangskamp waar duizenden Joden doorheen trokken alvorens te vertrekken naar Auschwitz, het grootste concentratie- en vernietigingskamp.

Zo maakt het hele eerste deel van de roman, wanneer de lezer het verhaal van het jonge meisje ontdekt, van *Haar naam was Sarah* een historische roman.

EEN ROMAN OVER SCHULD

Schuld is een bijzonder aanwezig thema in het verhaal. Het beschrijft een gevoel waardoor iemand zich verantwoordelijk voelt voor een, meestal ernstige gebeurtenis. Verschillende personages in de roman lijden eraan; Sarah, Edouard maar ook de Fransen in het algemeen.

Sarah lijdt aan dit gevoel omdat ze zichzelf verantwoordelijk acht voor de dood van haar broertje Michel. Zij was het die hem dwong zich in een kast te verstoppen en de deur op slot deed, met de belofte hem zo snel mogelijk te halen. En juist omdat ze die belofte niet kon houden, voelt het meisje zich schuldig. Michel vertrouwde haar en zij heeft in zekere zin vertrouwen beschaamd: "Maar ik heb hem beloofd dat ik terug zou komen, papa. Ik heb het hem beloofd", zegt ze tegen haar vader als ze beseft dat de politie hen meeneemt en dat ze haar broer niet zal kunnen bevrijden. Het is ook dit schuldgevoel dat Sarah ertoe brengt zelfmoord te plegen nadat ze lang uit Frankrijk is weggeweest, een gezin heeft gesticht en een zoon heeft gekregen, William: "'Ze heeft zelfmoord gepleegd', zei William onomwonden. 'Er was geen ongeluk. Ze reed die auto recht in de boom.'" Sarah dacht dat ze door geografisch afstand te nemen van de plaatsen die hun stempel op haar jeugd hadden gedrukt, de gruwel van haar verleden achter zich zou laten. Maar het veranderde niets: haar schuldgevoel volgde haar naar Amerika en werd zo hardnekkig dat Sarah er niet langer mee kon leven.

Édouard, Julia's schoonvader, heeft ook last van schuldgevoelens. Hij was een kind toen Sarah terugkeerde naar wat haar appartement was geweest om Michel te bevrijden, maar hij kon de afschuwelijke scène die zich in zijn slaapkamer afspeelde toen het kleine meisje het lichaam van haar broer ontdekte, niet vergeten. Hij was helemaal niet verantwoordelijk voor de situatie en toch voelde hij zich schuldig dat hij Sarah's huis had gestolen. Zijn vader had geprobeerd de zaak in de doofpot te stoppen door het voor de andere familieleden verborgen te houden, waar Édouard het niet mee eens was. Hij had graag geweten dat zijn vader iets had gedaan om Sarah te helpen. Zijn schuldgevoel verlaat hem dan ook wanneer hij ontdekt dat zijn vader Sarah in de loop der jaren inderdaad had geholpen door geld te sturen naar de Dufaures. Zo wordt de eer van de Tézacs hersteld.

De Fransen hebben ook last van schuldgevoelens. De Franse politie arresteerde duizenden Joden in de zomer van 1942. De Gestapo had hen gevraagd een bepaald aantal Joden tussen de 16 en 50 jaar te sturen. Maar de Franse politie bleek bijzonder ijverig en besloot zoveel mogelijk Joden te deporteren, inclusief vrouwen en kinderen. Toch voelden sommigen zich schuldig aan deze actie. Dit is ongetwijfeld het geval voor de jonge politieman die de kleine meisjes laat ontsnappen uit het kamp in Beaune-la-Rolande. Hij kent Sarah omdat hij haar regelmatig heeft geholpen de weg over te steken om naar school te gaan. Hij kan niet verantwoordelijk stellen voor haar dood en laat haar daarom vluchten.

Het is ongetwijfeld het schuldgevoel dat Hervé en Christophe, de twee vrienden van Julia, tot zwijgen brengt wanneer zij het verhaal horen van de razzia van Vél' d'Hiv, georganiseerd door de Franse politie; het schuldgevoel dat zij Frans zijn, dat zij de nationaliteit van deze vervolgers delen.

EEN COMING-OF-AGE ROMAN

Het genre van de coming-of-age romans begon in Duitsland in de 18th eeuw onder de naam 'Bildungsroman'. Het gaat over de ontwikkeling, de evolutie van een held die, jong en onervaren aan het begin van het werk, volwassen wordt en zijn eigen begrip van het leven vindt. In dit type werk moet het personage vaak uitdagingen aangaan die hem uiteindelijk wijsheid leren. De coming-of-age roman beschrijft dus de rijping van een held.

Op het eerste gezicht lijkt *Sarah's Key* niet overeen te komen met een traditionele coming-of-age roman: Julie is geen onervaren jongere maar een moeder van in de veertig, getrouwd en bedrogen door haar man. Haar morele eigenschappen maken haar echter tot een typische held van een coming-of-age roman, omdat ze, geconfronteerd met verschillende uitdagingen, gedurende het verhaal volwassen wordt.

Aan het begin van het werk wordt de lezer geconfronteerd met een passief personage, een toeschouwer van haar eigen leven, die de problemen waarmee ze geconfronteerd wordt niet probeert op te lossen uit angst voor conflicten, maar ook uit gemakzucht:

- Haar schoonfamilie is kort na haar ontmoeting met Bertrand getrouwd en accepteert haar niet omdat ze Amerikaanse is;
- Ze had graag nog een kind gehad;
- Haar man had een affaire.

Maar daarna werkt de ontdekking van Sarah's verhaal als een katalysator. Julia wordt zich bewust van de kwetsbaarheid van het leven en van haar eigen verlangens. Beetje bij beetje ontdekt ze dat ze in actie moet komen, volwassen moet worden en eindelijk moet doen wat ze wil:

- Ze aarzelt niet om de verboden van Édouard te trotseren en om haar onderzoek naar het verhaal van de kleine Sarah steeds verder uit te breiden;
- Ze verzet zich uiteindelijk tegen Bertrand als ze zwanger raakt en besluit haar baby te houden, ondanks de weigering van haar man, en ze verlaat hem uiteindelijk.

Doorheen de roman en haar fouten – die deel uitmaken van de constructie van de held – neemt Julia eindelijk haar leven in eigen handen en laat ze zich niet langer beïnvloeden door haar omgeving, zoals ze gewoon was te doen. Haar passiviteit aan het begin van de roman maakt plaats voor een vorm van vervulling en wijsheid.

DUBBELE VERTELLING

Sarah's Key is een bijzonder originele roman, omdat de lezer verwikkeld raakt in twee verhalen die vanuit verschillende gezichtspunten worden verteld:

- Enerzijds gaat het om het verhaal van Sarah: de lezer beleeft de gebeurtenissen waarmee dit kleine meisje wordt geconfronteerd. De wereld wordt gezien zoals het jonge meisje die ziet, door de tussenkomst van een externe, alwetende verteller.

- Aan de andere kant hebben we het verhaal van Julia, een journaliste die het jonge meisje onderzoekt.

Het eerste deel van de roman, dat vooral gaat over Sarahs zoektocht naar Parijs om haar broertje te redden, is opgebouwd volgens een heel precies patroon: elk hoofdstuk over Sarahs verhaal wordt gevolgd door een hoofdstuk over Julia. Zo begrijpt de lezer dat de twee lotsbestemmingen met elkaar verbonden zijn. Deze techniek maakt het verleden ook reëler en aanweziger in onze ogen. Sarah leefde immers in 1942 en Julia in 2002. En toch reizen ze naar dezelfde plaatsen, ze gaan naar dezelfde locaties, waardoor de lezer het verhaal van Sarah kan actualiseren: toegegeven, het speelde zich tientallen jaren geleden af, maar de plaatsen bestaan nog steeds, het verhaal van het kleine meisje zal nooit volledig worden weggevaagd.

Terwijl de zoektocht van Sarah eindigt met de ontdekking van het dode lichaam van Michel, neemt de roman een andere vorm aan en concentreert zich uitsluitend op de handelingen van Julia. Het verhaal krijgt een nieuwe dynamiek, die van dit hedendaagse personage, zonder het verleden te vergeten, dat centraal blijft staan in Julia's zoektocht. De roman eindigt met het einde van deze zoektocht: zij is te weten gekomen wat er met Sarah is gebeurd, is erin geslaagd de herinneringen van de Tézacs te herstellen en bouwt een zeer hechte band op de zoon van Sarah.

VERDERE REFLECTIE

ENKELE VRAGEN OM OVER NA TE DENKEN...

- *Het verslag van Brodeck* van Philippe Claudel (2007) maakt melding van concentratiekampen zoals *Sarah's Key* Wat zijn de overeenkomsten en verschillen tussen beide romans?

- De roman biedt ons verschillende visies op familie. Welke zijn dat? Werk je antwoord uit.

- Analyseer het karakter van Bertrand. Wat is uw indruk van hem?

- Waarom ziet Julia zoveel van haar dochter Zoë in Sarah?

- Hoe verklaar je de terughoudendheid van William om de waarheid over zijn moeder te ontdekken? Rechtvaardig je antwoord.

- Tatiana de Rosnay zei: "Ik was altijd al geïnteresseerd in de herinneringen aan de plaatsen. Ik ben er nog steeds van overtuigd dat de muren de sporen en de geest van deze trieste gebeurtenissen bevatten". Wat begrijp je uit dit citaat met betrekking tot *Haar naam was Sarah*? Werk uw antwoord uit.

VERDER LEZEN

REFERENTIE-UITGAVE

De Rosnay, T. (2008) *Haar naam was Sarah.* Londen: John Murray
(Uitgeverij).

*We horen graag van jou! Laat
een reactie achter op jouw online bibliotheek
en deel je favoriete boeken op social media!*

De uitgever garandeert de betrouwbaarheid van de gepubliceerde informatie, die echter niet onder zijn verantwoordelijkheid valt.

www.50minutes.com

Master ISBN: 9782808687942
Papier ISBN: 9782808699341
Wettelijk depot: D/2023/12603/1214

Omslag: © Primento

Digitaal ontwerp: Primento, de digitale partner van uitgevers.